AF509865

LA
FORTUNE

PAR

LES ASSURANCES SUR LA VIE

PAR H. BERNARD

PARIS

ARMAND ANGER, LIBRAIRE-ÉDITEUR

48, RUE LAFFITTE, 48

1873

ASSURANCES SUR LA VIE

Les assurances sur la vie, dans leur acception la plus étendue, sont des opérations où l'intérêt de l'argent se combine avec les chances de la mortalité, de manière à offrir des avantages que ne peuvent donner les placements ordinaires basés simplement sur l'intérêt.

Elles ont pour principe la prévoyance et l'économie et pour résultat la création, la conservation et l'accroissement du patrimoine.

Elles se divisent en deux grandes classes :

1° Assurances de capitaux ou de rentes exigibles au décès de l'assuré ;

2° Assurances de capitaux ou de rentes exigibles du vivant de l'assuré.

Dans les assurances en cas de décès, l'assuré ne stipule pas pour lui-même, mais généralement pour sa famille ou pour des tiers, auxquels, soit par des raisons d'affection, soit par suite de relations d'affaires, il veut laisser un capital, en cas de décès.

Dans les assurances en cas de vie, le contrat n'a d'effet et ne se réalise que par l'existence de l'assuré.

Les assurances mixtes et à terme fixe participent à la fois des assurances exigibles du vivant des assurés et de celles exigibles à leur décès.

Les assurances en cas de décès et en cas de vie se subdivisent en plusieurs branches. Nous ne nous occuperons que de l'assurance en cas de décès, généralement désignée sous le nom d'ASSURANCE VIE ENTIÈRE.

Cette assurance, la plus connue et la plus usuelle, est celle qui, à notre avis, remplit le plus utilement le but que doit poursuivre tout père de famille sérieux :

Assurer l'avenir de ses enfants, en cas de décès prématuré, et constituer, par le versement de primes annuelles, prélevées sur ses économies, un capital, dont il touchera personnellement les revenus, jusqu'à sa mort.

Nous donnerons, après les assurances vie entière, les règles relatives aux assurances mixtes, à terme fixe et de capitaux différés.

DES ASSURANCES VIE ENTIÈRE

L'assurance vie entière convient à toute personne, quelle que soit sa position sociale ou de fortune, qui réalise, chaque année, des économies sur ses revenus ou sur le produit de son travail.

Tout homme est un capital. Par son intelligence et son activité il retire de ce capital un produit qui suffit d'ordinaire aux besoins de sa famille et avec lequel, si Dieu lui prête vie, il espère constituer un patrimoine à ses enfants.

Le jour où cet homme meurt, et meurt jeune, capital et revenus disparaissent avec lui, et il laisse femme et enfants dans une position toujours amoindrie, quelquefois dans la gêne, plus souvent dans la misère! et quelle misère! la plus affreuse de toutes, celle qui doit se cacher et souffrir sans oser se plaindre!

Quelque triste que soit ce tableau, il est malheureusement trop vrai, et personne ne peut nous accuser d'en avoir assombri gratuitement les couleurs.

. Existe-t-il pour un père de famille un moyen plus sérieux, plus efficace, plus pratique, qu'un contrat d'*assurance vie entière*, pour mettre ses enfants à l'abri des inconvénients qu'un décès prématuré entraînera nécessairement après lui?

Nous ne pensons pas qu'il en existe un meilleur!

Aucun de nous ne peut se flatter d'être encore en vie demain. Notre existence est entre les mains de Dieu, qui seul en dispose à sa volonté, devant laquelle viennent se briser tous nos projets d'avenir!

Qu'est-ce donc que l'assurance vie entière?

L'assurance *vie entière* est un contrat par lequel une Compagnie s'engage, lors du décès de l'assuré, à quelque époque que ce décès ait lieu, à payer un capital déterminé par l'assuré soit à ses héritiers, soit à ses ayants droit, soit à toute autre personne qu'il lui plaira de désigner dans le contrat ou ultérieurement.

En échange de cet engagement pris par la Compagnie, et stipulé en toutes lettres dans les clauses spéciales du contrat, l'assuré payera à la Compagnie, pendant toute la durée de sa vie, ou pendant un temps qu'il pourra fixer lui-même, une prime annuelle déterminée en raison de son âge et de l'importance du capital garanti.

L'assurance se réalise au moyen d'un contrat qu'on appelle police.

Exemple : Un homme de 25 ans, pour laisser après son décès, à sa femme, à ses enfants, ou à tout autre, un capital de 100 fr., aura à payer une prime annuelle de 2 fr. 21 c.; il payera, à 30 ans, 2.49; — à 35 ans, 2.84; — à 40 ans, 3.28; — à 45 ans, 3.87, etc.

Les primes sont proportionnelles.—Ainsi on payera à 35 ans, pour un capital de 1,000 fr., 28 fr. 40; pour 10,000 fr., 284 fr., et, pour 100,000 fr., 2,840 fr.

La prime doit être payée comptant le jour de la signature de la police; toutefois l'assuré pourra payer sa prime par semestre ou par trimestre, moyennant une légère augmentation équivalente à l'intérêt en retard.

Ainsi, à trente ans, pour un capital de 10,000 francs, la prime annuelle coûtera 249 francs, la prime semestrielle coûtera 125 fr. 75 cent., la prime trimestrielle coûtera 63 fr. 20 cent.

L'opération est bien simple. On payera une prime à la Compagnie qui, en échange, donnera aux héritiers, ou autres, dans les quinze jours du décès, un capital déterminé à l'avance par le contrat, et proportionné à l'âge de l'assuré et à la prime qu'il aura voulu payer.

Le père de famille, qui contracte une assurance pour la vie entière, aura donc constitué, au jour où la police sera signée, un capital fixé par lui, au profit de sa femme, de ses enfants ou de toute autre personne.

Un père de famille achètera chaque année, avec ses économies, un coupon de rente, des actions ou des obligations. Le jour de son décès, sa succession ne se composera que du capital qu'il aura ainsi constitué !

Cet homme a 37 ans. Ses économies annuelles sont de 1,200 francs. S'il vit huit jours, six mois, un an, il ne laissera à ses héritiers qu'un capital insignifiant. S'il vit deux années, il laissera 2,400 fr.; cinq années, 6,000 fr.; dix années, 12,000 fr.; ainsi de suite.

Un autre père de famille, âgé également de 57 ans, a employé, chaque année, la même somme de 1,200 fr. à payer la prime d'un contrat d'assurance *vie entière*. La Compagnie payera à ses héritiers la somme de 40,000 *francs*, le jour de son décès.

Que le décès arrive au bout de huit jours, un

an, cinq ans, dix ans, le capital que toucheront les héritiers sera toujours de 40,000 fr.

Une assurance vie entière offre encore d'autres avantages que celui de garantir une famille contre les inconvénients du décès prématuré de son chef. Elle constitue un placement de fonds dont le père de famille touchera les revenus pendant la durée de sa vie.

Les grandes Compagnies attribuent à leurs assurés une participation de cinquante pour cent dans les bénéfices qu'elles réalisent. Les bénéfices connus sont divisés en deux parties égales : l'une est répartie entre les actionnaires qui ont constitué le fonds social, et l'autre entre les assurés. Les répartitions sont faites tous les deux ans.

La part qui revient à chaque assuré se paye de trois manières, à sa convenance, — on lui demande par lettre spéciale son option, — en argent comptant, en réduction de la prime annuelle, en augmentation du capital assuré.

Si l'assuré n'a pas opté dans les trois mois, la Compagnie applique sa part de bénéfice à l'augmentation du capital assuré.

L'assuré touchera donc pendant tout le cours de sa vie un intérêt plus ou moins élevé du capital formé par les primes qu'il aura versées annuellement.

L'assuré a le droit de renoncer à la participation dans les bénéfices. Dans ce cas, les primes à payer sont réduites de 10 pour 100.

L'obligation que l'assuré contracte de payer une prime, chaque année, l'amènera à faire une économie que bien souvent il ne réaliserait pas et qui lui permettra de constituer, presque sans s'en apercevoir, un capital pour sa famille, et pour lui un revenu, dont ils auraient été privés l'un et l'autre, s'il n'avait pas eu la prévoyance de faire une *assurance vie entière!*

L'assuré peut un jour se trouver dans l'impossibilité de continuer le payement des primes ; l'assurance peut devenir sans objet, par la mort ou le changement de position des personnes qui devaient en bénéficier ; enfin l'assuré ne veut plus continuer l'assurance, tel est son bon plaisir ! S'il a été payé plus de trois primes, ou *trois* au moins, l'assuré a le droit de demander *la réduction* de son contrat. Les conditions de cette réduction se trouvent indiquées dans le contrat même, par un tableau imprimé au dos de la police.

L'assurance ainsi réduite est payable dans les mêmes conditions que celles primitivement fixées, si ce n'est qu'elle est libérée et que l'assuré n'a plus rien à payer. Elle continue même à participer aux bénéfices de la Compagnie, dans la proportion du capital réduit.

Les Compagnies font mieux encore. Lorsque l'assuré éprouve un besoin immédiat d'argent, elles consentent à *racheter* le contrat et à lui en faire le payement au comptant, contre l'annulation de sa police.

L'opération, je le répète, est bien simple ; elle ne peut donner lieu à aucun mécompte ; les sacrifices faits ne sont jamais perdus ; elle est à la portée de toutes les intelligences et de toutes les bourses ; elle offre des avantages sérieux, incontestables, à tous les pères de famille, quelle que soit leur position sociale ou de fortune ; comment se fait-il que l'*assurance vie entière* soit si peu connue et surtout si peu appliquée en France !

En Angleterre, aux États-Unis, en Allemagne même, les assurances sur la vie sont entrées si profondément dans les mœurs, que les capitaux assurés arrivent à des milliards ! Je n'ose pas écrire le chiffre des capitaux assurés dans notre riche pays de France !

A quoi tient cette infériorité, nous qui avons la prétention de marcher à la tête de la civilisation et du progrès ? A plusieurs causes : notre éducation, — notre caractère, — nos mœurs, — nos habitudes, — nos associations tontinières !

Les lycées, les colléges, les pensions, les écoles que nos jeunes gens fréquentent dans leur bas âge et dans leur adolescence, ne poursuivent qu'un but : préparer les élèves aux examens qu'ils doivent subir. Aussi, chacun d'eux entre-t-il dans la vie complétement ignorant sur les questions sociales qui les intéressent le plus.

Ils savent du grec, du latin, des mathématiques, de la physique, de la chimie, de l'histoire, de la géographie, de l'anglais et de l'allemand ; mais que savent-ils en économie politique et sociale ?

Quels aperçus leur a-t-on donnés sur leurs droits civils, sur nos législations maritime, commerciale, administrative et autres ?

Que leur a-t-on appris sur la Bourse et les valeurs financières, sur les assurances contre les accidents, contre l'incendie et *sur la vie humaine*, ainsi que sur tant d'autres questions usuelles et vitales ? Rien !

Fatigués d'un travail ingrat, nos jeunes gens ne

songent qu'à leurs plaisirs, dès qu'ils ont quitté les
bancs des écoles, et tous embrassent une carrière,
ignorant les principes essentiels qu'ils auront à ap-
pliquer tous les jours ; ils se marieront sans con-
naître leurs obligations envers leurs femmes et leurs
enfants, et encore moins les moyens de les mettre en
pratique !

Parlez d'assurances sur la vie pour la première fois
à qui vous voudrez ; la réponse sera invariablement la
même : Je ne connais pas ces questions-là, ou bien je
n'ai pas de confiance dans la nature de ces opérations[1].

L'éducation et l'instruction des femmes sont-elles
plus développées, plus complètes, en économie sociale
que celles des hommes ? Elles ont plus de temps à dé-
penser et plus de loisirs à occuper, car elles n'ont pas
d'examens à subir ni de position à se créer. Hélas ! non.

On ne leur apprend rien des choses de la vie et surtout
de leurs devoirs envers le mari et les enfants qu'elles
auront un jour ! Elles restent en pareille matière plus
ignorantes encore que les hommes, et comme le senti-
ment et la superstition ont plus de prise sur leur
imagination, les femmes se montrent très-hostiles à
toute pensée d'assurance sur la vie.

Le vice de son éducation rend la femme l'ennemi le
plus dangereux de l'assurance sur la vie ! L'expérience
nous a prouvé qu'elle exerce une influence décisive
toutes les fois qu'elle est hostile à l'assurance. Quelles
que soient les convictions et les bonnes dispositions du

---

[1] Nous traiterons cette question de confiance à propos des associations tontinières, page 25.

mari, si la femme s'oppose nettement au contrat, il y renoncera pour avoir la paix dans son intérieur et éviter des récriminations incessantes.

Toute-puissante pour empêcher son mari de contracter une assurance, elle n'a pas la même autorité pour l'amener à la réaliser, s'il est contraire à ce projet. Et cela se comprend! L'assurance étant faite au profit de la femme, ou des enfants dont elle sera la tutrice légale, elle est placée dans la nécessité de n'aborder cette question qu'avec réserve!

L'assurance sur la vie est un acte d'économie, de prévoyance et de désintéressement de la part du père de famille. Jamais il ne jouira personnellement du capital assuré. Ses héritiers seuls en profiteront. Il est donc indispensable qu'il soit encouragé, soutenu dans cette œuvre par sa femme, et qu'il trouve dans l'expression de sa gratitude, une première récompense du sacrifice qu'il va s'imposer.

Et puis la femme devrait-elle jamais oublier qu'elle est la mère de ses enfants et qu'elle assume une responsabilité bien grande, en s'opposant à la réalisation d'un acte qui doit assurer leur avenir!

Qu'un sentimentalisme ridicule lui interdise de toucher à un capital dont elle ne sera redevable, d'après elle, qu'à la seule mort de son mari, ce qui n'est pas vrai, qu'elle ne veuille pas spéculer sur la tête d'un être qui lui est cher, ce qui est encore plus faux, libre à elle, elle peut renoncer au bénéfice de l'assurance!

— Mais de quel droit vient-elle enlever gratuitement à ses enfants une aisance, une fortune, que leur père a voulu leur constituer à sa mort?

N'a-t-elle pas à redouter que, privés de l'instruction solide qu'elle aurait pu leur faire donner, ses enfants ne commettent des fautes dont ils pourraient bien un jour la rendre responsable?

Ne s'expose-t-elle pas à ce que son mari aille porter ailleurs le fruit de ses économies dont on l'a détourné de faire un si noble et si prévoyant emploi?

J'ai entendu une femme s'opposer à ce que son mari contractât une assurance, par ce motif que c'était offenser Dieu et douter de la Providence, que de vouloir se prémunir contre les inconvénients d'un décès!

Comme si la religion ne nous prêchait pas le travail, la prévoyance et l'économie! Aide-toi, le ciel t'aidera, nous dit-elle. Croyez-vous que, son mari mort, cette femme donnera sa fortune aux pauvres pour vivre dans le deuil et les privations? Non. Elle jouira, sans le moindre scrupule de conscience, et elle aura parfaitement raison, des revenus, des rentes, actions ou obligations achetées, au cours du mariage, sur les économies réalisées par son mari!

Quelle différence peut-il donc y avoir, pour une femme, à toucher les revenus d'un capital amassé pendant la vie du mari, par des économies, et employé à acheter un contrat d'assurance sur la vie, ou des valeurs mobilières ou immobilières? Nous n'en voyons aucune! Questions de pure imagination!

La superstition exerce aussi son influence néfaste sur l'esprit de la femme!

Celle-ci vous dira: Vous voulez donc faire mourir mon mari? je ne veux pas qu'il s'assure!

Une autre, moins entière, vous répondra: Si cette

assurance allait lui porter malheur? il vaut mieux ne pas la faire !

— Mais, madame, si l'assurance sur la vie avait pour résultat, je ne dis pas de tuer, mais seulement de hâter la mort des personnes qui la réalisent, les compagnies seraient bien vite ruinées et ne pourraient pas continuer leurs opérations !

— La condition première de bénéfices, pour une compagnie d'assurance sur la vie, c'est que ses assurés vivent de longues années !

— Quel intérêt aurait donc une compagnie à dire à votre mari : Vous avez vingt-quatre ans, payez-moi 216 francs par année, et le jour de votre mort je donnerai 10,000 francs à vos héritiers, si elle avait la certitude, que, ce contrat signé, votre mari décédera ?

— Aucun ! elle jouerait 216 francs contre 10,000 francs, avec une chance certaine de perte, ce qui serait une folie ! aussi se garderait-elle bien de faire cette assurance.

La compagnie, au contraire, tient à avoir la conviction que votre mari vivra longtemps, et, avant de traiter avec lui, elle exigera qu'il se soumette à la visite préalable du médecin qu'elle lui aura désigné.

— La réalisation d'un contrat d'assurance vie entière, loin d'effrayer les mères de famille, devrait au contraire les rassurer. Si le mari est accepté par la compagnie, elles auront acquis la meilleure preuve que sa constitution est excellente, et que, s'il n'est pas la victime d'un accident, il vivra la vie moyenne des hommes de son âge.

J'ai connu un père de famille qui, malgré l'opposition et les larmes de sa femme, persista dans la pensée qu'il avait eue de réaliser un contrat d'*assurance vie entière*. Après avoir signé la police, il lui dit : « Ma chère, lorsque je serai mort, vous me pleurerez beaucoup et longtemps, je le veux bien, mais un jour viendra où vous me remercierez de vous avoir laissé, ainsi qu'à vos enfants, six mille francs de rente de plus ! » La leçon était dure, mais elle était méritée !

Si tous les maris avaient la même fermeté de caractère et la même volonté, nous connaîtrions moins, les uns et les autres, de familles laissées dans une position précaire par la mort de leur chef !

Légers, imprévoyants, les jeunes gens qui débutent dans une carrière se préoccupent rarement de leur avenir.

— Au profit de qui contracterions-nous une assurance, vous répondent-ils, nous n'avons ni femme, ni enfants ?

— Cela est vrai, mais vous êtes destinés à en avoir un jour ; vous avez un père, une mère, qui se sont imposé des sacrifices pour votre éducation et qui bénéficieraient de votre assurance si vous mouriez avant votre mariage ;

— A votre âge, les primes d'assurances ne sont pas élevées et constituent des placements avantageux ;

— Vous emploierez votre part de bénéfice à la réduction de votre prime, que vous éteindrez en vingt-quatre ans environ ; je suppose que votre prime s'élève à 500 francs, elle ira en diminuant progressivement, de deux années en deux années, de telle façon qu'après la douzième répartition, vous n'aurez plus rien à payer à la Compagnie ; vous toucherez alors votre part de bénéfice en argent comptant et vous vous constituerez une rente viagère, pendant que vous serez encore dans la force de l'âge ;

— Vous vous créerez une dot qui vous facilitera un mariage ;

— Vous vous ouvrirez un crédit chez un banquier le jour où vous voudrez vous mettre à la tête d'un établissement commercial !

Vous prêchez dans le désert ! Que c'est beau d'être jeune ! on aime le plaisir, on y court ; la bourse est peu garnie, les premiers appointements sont si modestes, et on sacrifie l'assurance aux passions du moment, au grand détriment de l'avenir !

Notre jeune homme est devenu son maître. L'âge des folies est passé et il s'est marié. Va-t-il être plus prévoyant ! Il a signé un contrat de mariage où l'on a stipulé des donations réciproques, et des gains de survie ! mais ce sont les grands parents et les notaires qui ont préparé tous ces grimoires !

Croyez-vous que ce jeune marié se posera la question de savoir ce que deviendraient et son entreprise et sa femme, s'il venait à mourir ?

La mort ! mais il est plein de vie et de santé, mais il ne demande qu'à vivre, ses rêves sont couleur de rose, il s'empressera de chasser toute pensée qui pourrait jeter un nuage sur sa joie, sur son bonheur, et l'assurance proposée sera laissée dans l'oubli, sans avoir même été examinée !

Les années ont marché, les enfants ont grandi. On veut bien reconnaître les avantages d'un contrat d'assurance en faveur de tous ces petits êtres qui n'ont pas demandé à venir en ce monde, et dont il faut assurer l'avenir. On discute les conditions du contrat, c'est un progrès! mais l'égoïsme reprend bientôt ses droits un moment oubliés!

— Les charges ont augmenté, vous dit-on ; la prime serait bien lourde à payer chaque année ; les affaires vont si mal !

— Et si vous veniez à mourir, votre fortune n'est pas faite, une liquidation serait peut-être désastreuse, un titre nu perd toujours de sa valeur !

— Vous avez raison.

— Commencez par une assurance modeste, vous l'augmenterez plus tard et vous aurez paré à une éventualité fâcheuse ; c'est du reste un placement que vous faites, et vous retirerez un intérêt de l'argent affecté au payement de votre prime, qui dès lors n'est pas tout à fait perdu pour vous!

— C'est bien vrai, nous y réfléchirons!

Vous croyez que le mari et la femme vont refaire leur budget, pour réaliser une économie dont ils sentent la nécessité ; qu'ils se priveront du moindre plaisir, de la plus petite fantaisie, ce serait pourtant si facile? Non! les bals, les dîners, les spectacles, le cercle, le café, le jeu, les bijoux, les dentelles, les rubans, que sais-je encore? resteront en maîtres dans la maison, et l'assurance sera renvoyée d'une année à l'autre, pour la satisfaction d'un luxe exagéré dont on s'est fait une habitude, souvent une nécessité, et les enfants seront sacrifiés!

Dix ans se sont écoulés. On vous dira alors : Je suis

beaucoup trop vieux; je voudrais bien pouvoir contracter une assurance, mais il est trop tard; j'ai d'énormes regrets de n'avoir pas réalisé, lorsque j'étais jeune, cet acte de prévoyance et d'économie; mais la prime est trop élevée à mon âge, je dois y renoncer. Et l'assurance est définitivement abandonnée; qui en souffrira? les enfants! Toujours eux!

L'orgueil, l'avarice, l'ignorance viennent souvent en aide à l'égoïsme. Dans cette lutte qui a pour siége la conscience, on ne saurait croire, en effet, à quel point tout homme, qui a les meilleurs sentiments, est ingénieux à trouver des arguments qui l'autorisent à mettre sa conscience en parfait accord avec son désir de garder l'argent qu'on lui demande pour assurer l'avenir de ses enfants!

Celui-ci vous dira : Je voudrais bien faire une assurance, mais je voudrais qu'elle fût importante, de 100,000 francs, de 50,000 francs au minimum; malheureusement je ne suis pas assez riche pour payer une prime de 1,500 francs à 3,000 francs, car j'ai trente-sept ans, et je suis forcé de renoncer à ce projet.

A quoi servirait à ma femme et à mes enfants un modeste capital réalisé, au moyen d'une assurance proportionnée à la prime que je pourrai verser! A rien, ils n'en seraient pas plus riches !

— C'est possible, mais vous serez bien forcé de convenir avec moi que 10,000 francs, lorsqu'on ne possède rien, c'est quelque chose!

— C'est vrai, mais cela en vaut si peu la peine!

Le contrat d'assurance est mis de côté. Espérons que les enfants n'auront pas trop à en souffrir.

Celui-là vous répétera, avec une franchise par trop brutale : Me dépouiller pour mes enfants? m'imposer des privations? jamais ! Si je veux aller passer deux mois à Paris, l'hiver, et un mois en été aux bains de mer, vous voulez qu'à chaque dépense imprévue, je me dise : Et ma prime à payer! Ma foi non. Après moi mes enfants prendront ce que je leur laisserai, et s'ils trouvent mon avoir insuffisant, ils feront comme moi, ils travailleront! L'assurance, avec de pareils sentiments ne sera jamais faite, et les enfants seront encore sacrifiés !

J'ai entendu une jeune et jolie femme, mère de deux enfants, déclarer à son mari qu'elle s'opposait formellement à ce qu'il contractât une assurance.

— Le payement de la prime augmentera encore vos charges annuelles, lui disait-elle. Il est bien difficile d'obtenir de l'argent de vous, pour payer ma toilette et celle de mes enfants, et la chose deviendra impossible à l'avenir; vous me répondrez tous les jours : Il faut que je paye ma prime d'assurance !

Le mari eut la faiblesse de céder aux observations si peu sérieuses de sa femme, et la proposition d'une assurance de 50,000 francs, qui allait être signée, fut déchirée! La femme revint plus tard à de meilleurs sentiments, et le mari réduisit son assurance à 10,000 francs; dix-huit mois après il était mort! Que de regrets a dû éprouver sinon la jeune femme, au moins la mère de famille!

Cet autre vous fera observer qu'il est très-riche et qu'il n'a pas besoin d'une assurance.

— Je laisserai après moi ma femme et mes enfants

dans une belle position de fortune ; pourquoi voulez-vous que je me prive chaque année d'une partie de mes revenus pour payer une prime d'assurance !

— Mais raison de plus, monsieur, si vous êtes riche pour contracter une assurance sur la vie ! Je connais des millionnaires qui se sont assurés ! Vous ne vous priverez de rien, d'ailleurs, puisque c'est sur vos économies que vous prélèverez chaque année le montant de votre prime !

— Plus vous serez riche, plus vous laisserez de droits de succession à payer ; les frais de funérailles et de dernière maladie seront plus élevés ; le temps du partage durera plus longtemps ; supposez que vous veniez à mourir à une époque troublée, tourmentée, comme celles que la France a déjà si tristement subies, croyez-vous que vos enfants ne béniront pas votre prévoyance qui leur aura permis de toucher comptant, dans les quinze jours de votre décès, un capital de 20,000, 50,000 ou 100,000 francs, au lieu de se trouver obligés de vendre, avec difficulté, des valeurs mobilières, sur lesquelles ils subiront une perte de 20, 30 et même 50 pour 100 !

— Vous avez un château, une terre dont vous portez le nom, et vous désirez qu'elle reste la propriété du fils aîné de la famille ?

— Pourquoi ne pas contracter une assurance dont le produit permettra à ce fils, que vous voulez avantager, de désintéresser ses frères et ses sœurs, au lieu de le placer dans la triste nécessité d'hypothéquer vos terres, au lendemain de votre décès, et de courir à sa ruine, en empruntant de l'argent à 5 pour 100, sur une propriété qui ne lui en rapportera que 5 !

— Vous avez des serviteurs fidèles, des pauvres autour du château, une école mixte, une église en ruine, un hospice qui, faute de ressources, ne peut recevoir les malades indigents de la commune ?

— Pourquoi ne faites-vous pas une assurance à leur profit, plutôt que de renoncer à ces bonnes œuvres, dans les habitudes de vos ancêtres, pour ne pas imposer à votre succession la charge d'une libéralité dont vous n'avez pas voulu faire les frais de votre vivant !

Il faut briller dans le monde, on a besoin de toutes ses ressources, et l'avenir des enfants et des pauvres est compromis, car on ne réalise pas l'assurance !

Un quatrième veut faire une bonne affaire en contractant une assurance, et savoir par sols et deniers ce que lui rapportera son argent annuellement versé.

Je le place dans mon commerce à 10 et même 15 pour 100 net, et j'ai plus d'intérêt à rester mon propre assureur !

— Cet homme parle absolument comme s'il avait passé avec la Providence le même bail qu'avec le propriétaire de la maison dans laquelle il exerce sa profession, son commerce, son industrie !

— Promettez-lui des cents et des mille, qui ne reposeront sur rien, sa cupidité l'emportera sur sa prudence, et il signera le contrat ; mais bornez-vous à lui dire qu'il ne fera qu'un placement ordinaire, que l'assurance a pour but de prémunir la famille contre les inconvénients d'un décès prématuré de son chef et non de faire réaliser à ce dernier une bonne affaire immédiate, il persistera dans son refus. C'est à regretter de rester honnête avec de pareilles gens !

Un cinquième vous dira : Je ne demande pas mieux que de contracter une assurance ; je reconnais tous les avantages de cette opération, mais ma femme ne veut pas en entendre parler ! Chaque fois que j'aborde ce sujet, ce sont des discussions continuelles ; je tiens à mon repos, et je ne veux plus que l'on m'entretienne de cette affaire !

Hélas ! il ne dit pas la vérité. Il n'a jamais parlé d'assurances à sa femme, ou s'il lui a donné quelques explications, il a inventé des conditions si impossibles à réaliser, que la femme a partagé son avis.

J'en ai fait un jour l'expérience. Je parlais assurance avec un négociant, père de plusieurs enfants, placé à la tête d'une grande maison de commerce. Je n'obtins jamais de lui d'autre réponse : Ma femme ne veut pas que je m'assure, et comme je veux avant tout la paix chez moi, j'ai dû y renoncer !

Sur ces entrefaites, sa femme, qui était sortie, entra dans le magasin. Je la saluai et lui demandai aussitôt pourquoi elle était à ce point l'ennemie des assurances sur la vie ? Elle me répondit en riant : Mais je ne sais pas le premier mot de vos assurances, personne ne m'en a jamais parlé ! Je regardai le mari, il baissa la tête, j'eus pitié de lui. Je donnai de longues explications à la femme, je parvins à la convaincre, et je sortis. On n'a point encore réalisé cette assurance !

— Vous me parlez de décès, me dira une sixième personne, cette pensée m'est désagréable ; je veux bien m'imposer un sacrifice pour l'avenir de mes enfants, mais je voudrais jouir un peu moi-même, avant ma mort, du capital assuré. Je ne puis donc pas contracter une assurance, puisque je n'aurais jamais que la jouissance des revenus, mes héritiers devant seuls toucher le capital garanti !

—Pardon, vous demandez là une chose fort simple et qui se fait tous les jours. Vous n'avez qu'à contracter une assurance à terme fixe, ou une assurance mixte, ou une assurance de capitaux différés, pour 10, 15, 20 ou 25 ans, et vous atteindrez le but que vous désirez ; voici les tarifs.

Cette personne n'avait pas la moindre envie de contracter une assurance et elle croyait avoir trouvé un argument sans réplique. Reconnaissant son erreur, elle reprit aussitôt : Je trouve les primes de ces opérations un peu élevées, nous allons en causer en famille et nous verrons ! Cette assurance ne se fera jamais.

N'allez pas croire cependant que ces pères, que ces mères de famille n'aiment pas leurs enfants ; ils ne sont pas suffisamment éclairés sur les avantages que leur offre un contrat d'assurance ; c'est la faute de leur éducation et de notre caractère.

Ne leur en voulez pas trop, et redoublez d'efforts pour les persuader.

Une seule objection a toujours trouvé grâce à mes yeux, parce qu'elle est vraie et qu'elle peut être sincère, la voici : Je n'ai pas confiance dans la nature de ces opérations ; nous avons dans notre famille, chez nos amis, dans le village voisin, des exemples d'assurances qui nous prouvent qu'on peut être trompé !

Gardez-vous de confondre ces gens timorés, rendus

méfiants, avec ces orateurs de cabaret, ces esprits
forts de petites villes qui ne trouvent de parfait en ce
monde que leur triste personne et qui déblatèrent contre les assurances, leurs combinaisons et leurs tarifs
avec la même sottise qu'ils attaquent la Providence et
nient ses bienfaits ! C'est un genre ; et dire qu'ils ren-
contrent assez de niais pour leur composer une gale-
rie et suivre leurs conseils !

Nous devons une réponse aux premiers, et nous la
leur donnerons complète, en leur expliquant la différence qui existe entre les associations tontinières, dont
leurs voisins ou amis ont pu être les victimes, et les
assurances sur la vie à primes fixes.

Quant aux seconds, notre temps est trop précieux
pour l'employer à vouloir éclairer des gens qui n'ont
aucun désir de l'être. Il n'est de pires sourds que ceux
qui ne veulent pas entendre ! Nous laissons au temps
et au bon sens public le soin d'en faire justice.

Les tontines ont eu en France un succès très-
grand et fort regrettable.

Les pères de famille, auxquels on persuadait facile-
ment qu'ils retireraient vingt, trente, soixante fois
leurs mises, et qu'ils parviendraient, au moyen du
versement annuel de petites sommes à doter largement
leurs filles et à exonérer leurs fils du service militaire,
se laissèrent séduire par d'aussi douces perspecti-
ves, et dans un grand nombre de communes, l'exemple
gagnant de la maison du notaire la maison du cultiva-
teur et du petit marchand, tous les enfants furent
assurés. Les mécomptes ne tardèrent pas à se produire,
et le désordre fut si grand dans certaines Sociétés,

que le Gouvernement et le parquet durent intervenir.

Quelle est donc la nature des opérations des associations tontinières ?

Elles se réalisent au moyen d'un contrat par lequel un individu s'engage à payer une cotisation annuelle déterminée, pendant un temps limité, en général de *dix-huit à vingt ans,* divisé en une, deux et même trois périodes, à l'expiration desquelles l'assuré a le droit de résilier son contrat.

En échange de cet engagement, l'association s'oblige à donner à l'assuré une part dans les bénéfices de l'année au cours de laquelle l'assurance a été contractée.

On exige en outre, le jour de la signature du contrat, le payement des frais d'administration dus pour tout le temps que doit durer l'assurance et qui est fixé à 5 0/0 du capital assuré !

Exemple : X... veut assurer pour quinze ans, à partir du 1ᵉʳ janvier 1875, son enfant, âgé de cinq ans, pour une somme de 4,500 francs. X... prendra l'engagement écrit de payer une cotisation annuelle de 300 francs, pendant quinze ans, et, de son côté l'association s'obligera à lui donner, dans les répartitions de l'année 1889, une part des bénéfices réalisés sur les opérations de l'année 1875 !!! Voilà tout le contrat.

Obligation pour l'assuré de payer comptant les frais d'administration et annuellement une cotisation fixe ; Engagement par l'association de lui donner une part dans la répartition des bénéfices de 1875, en l'année 1889 !

S'il y a des bénéfices, l'assuré y prendra part, mais

s'il n'y en a pas, il ne touchera rien, pas même le capital formé par les primes qu'il aura versées!

On a promis des bénéfices, et on se garde bien de les capitaliser et de s'engager à en payer le montant ; mais on stipule et on écrit le chiffre de la cotisation que l'assuré aura à payer chaque année !

Quelle différence existe-t-il entre les opérations des association tontinières et les assurances sur la vie à primes fixes ?

Elle est immense !

Dans l'association tontinière, il n'y a pas d'assurance du tout ; le capital que l'on recevra n'est pas déterminé, il est variable et subordonné aux bénéfices et aux pertes de l'entreprise ;

Il n'y a dans le contrat qu'une chose fixe, connue d'avance, c'est le chiffre de la cotisation annuelle à payer par l'assuré, et celui des frais d'administration !

Dans le contrat d'assurance sur la vie des Compagnies à primes fixes, tout est déterminé, connu à l'avance, stipulé au jour de la signature de la police ; on établit non-seulement le montant annuel de la prime, mais encore le chiffre du capital assuré, et ce chiffre est fixé par l'assuré lui-même. Pas de frais d'administration à payer. La police coûte six francs une fois donnés.

Ces deux opérations, que l'on confond cependant si souvent, n'ont dès lors rien de commun entre elles, pas même le nom !

Les grandes Compagnies à primes fixes sont représentées dans tous les chefs-lieux de départements, d'arrondissements et même dans les communes importantes de la France, par des agents sédentaires, intelligents et honnêtes, tandis que les agences tontinières envoyaient, de communes en communes, des courtiers inconnus, qui ne devaient jamais y revenir, ce qui les mettait à leur aise pour faire aux habitants les promesses les plus impossibles, certains qu'ils étaient de n'avoir pas plus tard des reproches à subir !

L'organisation des Compagnies à primes fixes, l'importance de leur capital social, la loyauté et l'exactitude avec lesquelles elles exécutent tous leurs engagements, mieux connus du public, deviennent chaque jour de puissants éléments de conviction. La lumière commence à se faire et pénètre partout.

La propagande que poursuivent les grandes Compagnies, avec tant de zèle et d'intelligence, secondées par des esprits aussi sérieux que distingués, a déjà porté ses fruits. Elle achèvera, nous n'en doutons pas, de compléter l'œuvre si courageusement entreprise, de donner aux familles les plus riches comme les plus pauvres la sécurité dans le présent et le bien-être dans l'avenir, par la prévoyance et l'économie ! La fortune par les assurances sur la vie.

DES ASSURANCES MIXTES

L'assurance mixte est un contrat par lequel la Compagnie s'engage à payer un capital à l'assuré, s'il est vivant à une époque déterminée d'avance, — dix ans, quinze ans, vingt ans, vingt-cinq ans, trente ans, etc.— S'il meurt avant cette époque, le capital sera payé dans les quinze jours du décès aux héritiers ou à toute autre personne désignée par l'assuré.

En échange de cet engagement pris par la Compagnie et stipulé en toutes lettres dans les clauses spéciales du contrat, l'assuré payera à la Compagnie, jusqu'au terme fixé, ou jusqu'au jour de son décès, s'il est antérieur au terme fixé, une prime annuelle déterminée en raison de son âge, de la durée du contrat et de l'importance du capital garanti.

Exemple : Un peintre, âgé de trente-deux ans, veut toucher dans vingt ans, s'il est vivant, un capital de 10,000 francs ; mais s'il vient à mourir avant cette époque, il désire que ce capital de 10,000 francs soit versé dans la caisse de l'Académie des beaux-arts, pour la fondation d'un prix dont il réglera les conditions. Il aura à payer une prime annuelle de 484 francs.

Dans cette opération, le capital assuré 10,000 francs doit être payé par la Compagnie *dans vingt ans*, à l'assuré s'il est vivant, à l'Académie des beaux-arts dans les quinze jours de son décès, s'il meurt avant vingt ans.

Cette double condition du payement du capital au plus tard en vingt ans, ou au jour du décès de l'assuré, explique pourquoi la prime est plus élevée que dans l'assurance *vie entière*, opération par laquelle le capital n'est payable qu'au jour du décès. Dans ce dernier cas, la prime à payer serait de 262 francs au lieu de 484 francs.

Les règles relatives au payement des primes, à la participation des bénéfices et à la réduction et au rachat des polices, que nous avons exposées pour le contrat d'assurance vie entière, s'appliquent aux contrats d'assurances mixtes.

DES ASSURANCES A TERME FIXE

L'assurance à terme fixe est un contrat par lequel la Compagnie s'engage à payer un capital soit à l'assuré, soit à ses héritiers, soit à toute personne désignée, à une époque fixée d'avance, dix ans, quinze ans, vingt ans, vingt-cinq ans, trente ans, que l'assuré soit vivant à cette époque, ou qu'il ait cessé de vivre.

En échange de cet engagement pris par la Compagnie, et stipulé en toutes lettres dans les clauses spéciales du contrat, l'assuré payera à la Compagnie, jusqu'au terme fixé, dix, vingt, trente ans, ou jusqu'au jour de son décès, s'il est antérieur au terme fixé, une prime annuelle déterminée en raison de son âge, de la durée du contrat et de l'importance du capital garanti.

Exemple : Un père de famille, âgé de vingt-cinq ans, veut toucher, dans vingt-cinq ans, s'il est vivant, un capital de 10,000 francs ; s'il est mort, ses héritiers ou toute autre personne désignée en bénéficieront. Il aura à payer une prime annuelle de 270 francs.

Pour toucher le capital au bout de vingt ans, la prime annuelle serait de 366 francs.

Dans cette opération, le décès de l'assuré, à quelque époque qu'il arrive, éteint l'obligation pour les héritiers de payer la prime, et la Compagnie devra payer le capital garanti, au terme fixé, c'est-à-dire après la vingt-cinquième ou la vingtième année !

Les règles relatives au payement des primes à la réduction et au rachat des polices, que nous avons exposées dans le contrat d'assurance vie entière, s'appliquent au contrat d'assurance à terme fixe.

La prime pour le contrat à terme fixe est moins élevée que pour le contrat d'assurance mixte ; la condition de payement du capital au jour du décès n'existant pas, la prime seule cesse d'être due et le capital n'est payé qu'au terme fixé d'avance.

DES ASSURANCES DE CAPITAUX DIFFÉRÉS

L'assurance de capitaux différés est un contrat par lequel la Compagnie s'engage à payer un capital après un nombre d'années fixé d'avance, quinze ans, vingt ans, vingt-cinq ans, si celui qui place ou sur la tête duquel on place, est vivant à cette époque.

En échange de cet engagement pris par la Compagnie et stipulé en toutes lettres dans les clauses spéciales du contrat, l'assuré payera à la Compagnie, pendant la durée du contrat, une prime annuelle déterminée en raison de l'âge, de la durée du terme et de l'importance du capital garanti.

Cette assurance peut également être souscrite moyennant une prime une fois payée.

Exemple : Un père de famille de trente-cinq ans désire toucher au bout de vingt ans, s'il est vivant, une somme de 10,000 francs. Il aura à payer une prime annuelle de 269 francs ou bien une prime unique de 3,459 francs. Pour vingt-cinq ans la prime annuelle s'élèverait à 174 francs et la prime unique à 2,503 fr.

On désire constituer à un enfant un capital de 1,000 francs pour sa majorité, s'il est vivant. La prime annuelle à payer sera, du jour de sa naissance à un an, de 27 fr. 60 c., et la prime unique de 273 fr. 40 c.

Dans cette opération, si l'assuré meurt pendant le cours de l'assurance, la prime annuelle cesse d'être due, la Compagnie est dégagée de toute obligation, et les sommes qui lui ont été versées, à titre de prime annuelle ou unique, lui demeurent acquises.

Les règles relatives au payement des primes que nous avons exposées pour le contrat d'assurance vie entière s'appliquent au contrat d'assurance de capitaux différés.

Le contrat d'assurance de capitaux différés ne donne pas droit à la participation dans les bénéfices de la Compagnie.

CONTRE-ASSURANCE

La contre-assurance a pour objet de garantir, en cas de décès de l'assuré, le remboursement sans intérêt des primes versées.

Les primes de la contre-assurance sont payables seulement pendant cinq ans.

Cette assurance est indispensable toutes les fois qu'un père de famille contracte une assurance de capitaux différés sur la tête de son enfant.

DU SERVICE MÉDICAL

Les Compagnies, ne devant assurer que des personnes dont l'état de santé est tel qu'on puisse compter qu'elles atteindront la vie moyenne des gens de leur âge, réclament de tous ceux qui veulent contracter une assurance vie entière, mixte et à terme fixe, un certificat de leur médecin ordinaire et elles exigent qu'elles soient examinées par leur médecin.

PARIS — IMP. SIMON RAÇON ET COMP., RUE D'ERFURTH, 1.

9 782329 648477